LA MENTE DEL DINERO

REPROGRAMACIÓN MENTAL AVANZADA PARA ACTIVAR PODER, RIQUEZA Y LIBERTAD

INSPIRED LEGACY PRESS

EDGAR HERNÁNDEZ

INSPIRED
LEGACY PRESS

CRÉDITOS

Publicado por **Inspired Legacy Press**

Sparks, Nevada, USA

ISBN: **978-1-971513-23-2**

Diseño y maquetación: Inspired Legacy Press

Logotipo: **Inspired Enterprises LLC**

Primera edición — 2025

Impreso en los Estados Unidos de América

EPÍGRAFE

"El dinero no sigue al que trabaja más.
Sigue al que piensa diferente.
La transformación se activa al cuestionar
la forma en que fuiste programado."

— Edgar Hernández · Inspired Legacy Press

DEDICATORIA

A quienes están cansados de hacer todo "bien"
y aun así seguir en el mismo lugar.
A quienes trabajan duro,
pero saben que el problema no es el esfuerzo,
sino el sistema mental con el que fueron programados.
Este libro es para quienes ya no quieren sobrevivir,
sino tomar control real de su dinero,
de sus decisiones
y de su futuro financiero.
Si alguna vez sentiste que naciste para más
que solo pagar cuentas y repetir el mismo ciclo,
aquí empieza ese quiebre.

— Edgar Hernández · Inspired Legacy Pressez

AGRADECIMIENTOS

Agradezco el proceso.
A los años de cuestionamiento silencioso,
a las decisiones incómodas,
y a los momentos en los que fue más fácil conformarse
que pensar diferente.
Agradezco las veces en que el esfuerzo no se tradujo en
resultados,
porque fue ahí donde quedó claro
que el problema no era la falta de trabajo,
sino la forma de pensar con la que se tomaban las
decisiones.
Este libro no nace de teorías financieras aisladas,
nace de observar patrones humanos repetidos una y
otra vez:
personas que trabajan duro,
personas con talento,
personas disciplinadas,
atrapadas en el mismo nivel económico durante años.
Agradezco cada error financiero que obligó a pensar
mejor,
cada límite que exigió cambiar de mentalidad,
y cada momento en el que cuestionar lo aprendido
fue la única forma de avanzar.
Si algo de lo que está escrito aquí resuena contigo,
no es coincidencia.

Es porque en algún punto
tú también entendiste
que la libertad financiera no empieza con más dinero,
sino con una mente distinta.

— Edgar Hernández · Inspired Legacy Press

ÍNDICE

PRÓLOGO

Hay una verdad incómoda que casi nadie quiere aceptar:

La mayoría de las personas no tiene un problema de dinero.

Tiene un problema de **forma de pensar**.

Trabajan. Se esfuerzan. Cumplen.

Hacen “lo correcto”.

Y aun así, año tras año, el resultado es el mismo.

Ingresos similares.

Decisiones repetidas.

Mismas preocupaciones.

Mismo nivel financiero.

No por falta de talento.

No por falta de disciplina.

No por falta de oportunidades.

Sino porque nadie les enseñó a cuestionar

la programación con la que toman decisiones todos los días.

Desde pequeños aprendimos a obedecer sistemas,

no a construirlos.

A buscar seguridad,
no a crear valor.
A trabajar por dinero,
no a pensar como el dinero se mueve.
Y cuando ese modelo deja de funcionar,
la respuesta casi siempre es la misma:
trabajar más.
Más horas.
Más sacrificio.
Más cansancio.
Como si el esfuerzo fuera la variable que faltaba.
Este libro parte de una premisa distinta:
el dinero no responde al esfuerzo, responde a la lógica.
A la lógica con la que eliges, arriesgas, decides y actúas.
Por eso hay personas que, con menos recursos,
construyen riqueza.
Y otras que, con más ingresos,
nunca salen del mismo lugar.
La diferencia no está en lo que hacen.
Está en **cómo piensan cuando hacen**.
Este no es un libro para aprender "trucos financieros".
No es un manual de inversiones rápidas.
No es una promesa vacía de riqueza instantánea.
Es un libro para entender **por qué repites los mismos resultados**,
aunque cambies de trabajo, de ciudad o de estrategia.
Porque mientras la mente no cambie,
el resultado se repite.
Aquí vas a cuestionar creencias que parecían normales:
qué significa ganar dinero,
qué significa seguridad,
qué significa riesgo,

y qué significa libertad.
No para adoptar otra ideología,
sino para **ver con claridad.**
Este libro no te va a decir qué pensar.
Te va a mostrar **dónde dejaste de cuestionar.**
Y ese punto —ese momento exacto—
es donde comienza la verdadera transformación financiera.
Si estás buscando confirmación para seguir igual,
este libro no es para ti.
Pero si estás listo para mirar tu relación con el dinero
con honestidad brutal,
para dejar de repetir patrones
y empezar a operar desde un nivel distinto,
entonces estás exactamente donde necesitas estar.
Porque el dinero no cambia cuando ganas más.
Cambia cuando **piensas diferente.**
Y lo que sigue
no es motivación.
Es **reprogramación.**

— Edgar Hernández

INTRODUCCIÓN

Leer este libro no es un acto casual.

Es una **decisión consciente.**

La decisión de entender el dinero desde un nivel más profundo

y dejar de relacionarte con él desde ideas heredadas, automáticas

o nunca cuestionadas.

Durante años se nos enseñó que el dinero era solo una consecuencia del trabajo.

Que bastaba con esforzarse más, aguantar más

y esperar el momento correcto.

Pero las personas que realmente generan riqueza

no operan bajo esa lógica.

No porque trabajen menos.

No porque tengan suerte.

Sino porque **piensan, deciden y actúan desde una estructura mental distinta.**

Este libro no parte de la idea de que estés perdido.

Parte de una verdad mucho más poderosa:

si estás aquí, es porque estás listo para elevar tu forma de pensar sobre el dinero.

La diferencia entre quienes crean libertad financiera
y quienes permanecen en el mismo nivel durante años
no está en la cantidad de esfuerzo,
sino en la calidad de las decisiones que toman todos los días.

Y las decisiones nacen de la mente.

Desde pequeños aprendimos modelos financieros
que nos ayudaron a encajar en el sistema,
pero no necesariamente a dominarlo.

Aprendimos a buscar seguridad antes que crecimiento.

A obedecer reglas antes que cuestionarlas.

A trabajar por dinero,
pero no a entender cómo el dinero se mueve, se multiplica
y responde a la forma de pensar de quien lo administra.

Este libro existe para expandir esa visión.

No para decirte qué hacer con tu dinero,
sino para mostrarte **cómo piensan las personas que generan riqueza**,
qué patrones mentales repiten
y por qué esos patrones producen resultados distintos.

Aquí no vas a encontrar fórmulas rápidas
ni promesas vacías.

Vas a encontrar **claridad.**

Claridad para identificar creencias que ya no te sirven.

Claridad para reconocer decisiones automáticas.

Claridad para operar desde un nivel más consciente y estratégico.

La libertad financiera no comienza con más ingresos.

Comienza cuando tu mente deja de operar en piloto automático

y empieza a dirigir el rumbo.
Este libro no busca corregirte.
Busca **activarte.**
Activar una forma de pensar más amplia.
Más estratégica.
Más alineada con la creación de valor,
la expansión y la libertad.
Si estás aquí, no es porque te falte algo.
Es porque estás listo para **ir más allá.**
Y lo que sigue
no es motivación.
Es **poder aplicado.**

PARTE I

EL DESPERTAR FINANCIERO*

Introducción

Toda transformación real comienza con un despertar.

No con una crisis.

No con un golpe de suerte.

No con una promesa externa.

Comienza cuando una persona decide **observar su realidad con mayor nivel de conciencia.**

El dinero, más que cualquier otro tema, exige ese nivel de observación.

Porque no es solo un recurso.

Es un reflejo directo de cómo piensas, decides y actúas frente a la vida.

Durante años, la conversación sobre el dinero se ha reducido a técnicas, tácticas y fórmulas.

Cuánto ganar.

Cómo invertir.

Dónde ahorrar.

Qué hacer para "tener más".

Pero muy pocas veces se cuestiona **desde dónde** se toman esas decisiones.

Y ahí está la raíz.

Las personas que generan riqueza no necesariamente saben más fórmulas financieras.

Saben **pensar distinto.**

No porque sean especiales,

sino porque operan desde una estructura mental diferente.

Este despertar financiero no tiene que ver con sentirte inconforme contigo.

Tiene que ver con **reconocer que siempre es posible operar desde un nivel más alto.**

Más claridad.

Más estrategia.

Más intención.

La mayoría de las personas vive su vida financiera en piloto automático.

Repite patrones aprendidos.

Reacciona ante el dinero según creencias heredadas.

Toma decisiones sin cuestionar su origen.

No porque no sea capaz de hacerlo mejor,

sino porque nunca se le enseñó a mirar más profundo.

Esta primera parte del libro existe para eso:

para **hacer visible lo invisible.**

Para mostrarte que antes de cambiar resultados,

es necesario entender **qué los está produciendo.**

No desde juicio.

Desde conciencia.

El despertar no es rechazo, es expansión

Despertar financieramente no significa rechazar tu historia.

Significa **expandir tu marco de referencia.**

No se trata de negar el esfuerzo que has hecho,

sino de reconocer que el esfuerzo, por sí solo,

no garantiza libertad financiera.

El dinero no responde al sacrificio.

Responde a la lógica.

A la lógica con la que eliges oportunidades.

A la lógica con la que asumes riesgos.

A la lógica con la que decides cuándo avanzar y cuándo detenerte.

Y esa lógica nace en la mente.

Por eso dos personas con la misma educación,

el mismo trabajo

y el mismo entorno

pueden terminar en realidades financieras completamente distintas.

No porque una sea mejor que la otra,

sino porque **piensan distinto cuando toman decisiones clave.**

La diferencia entre sobrevivir y crear riqueza

Sobrevivir financieramente requiere obedecer reglas.

Crear riqueza requiere **entender sistemas.**

La mayoría fue entrenada para sobrevivir:

cumplir horarios, seguir instrucciones, evitar errores, buscar seguridad.

Eso funciona para mantener estabilidad.

Pero no para construir expansión.

La riqueza no se construye desde el miedo a perder.

Se construye desde la capacidad de **ver más allá del corto plazo.**

Este despertar financiero te invita a cambiar el enfoque:
de reaccionar al dinero
a **dirigir tu relación con él.**
No para obsesionarte.
Sino para comprenderlo.

El dinero como consecuencia, no como objetivo

Uno de los mayores errores es convertir el dinero en el objetivo final.

Cuando eso ocurre, las decisiones se nublan.

Las personas que generan riqueza no persiguen dinero todo el tiempo.

Persiguen **claridad, valor y sistemas.**

El dinero aparece como consecuencia.

Esta parte del libro no busca que quieras "más".

Busca que **pienses mejor**.

Porque cuando la mente se ordena,
las decisiones se alinean.
Y cuando las decisiones se alinean,
los resultados cambian.

El despertar que cambia todo

Hay un punto en el que una persona deja de preguntarse "¿cómo gano más?"
y empieza a preguntarse:
"¿Desde qué mentalidad estoy operando?"
Ese momento cambia todo.
No porque el dinero llegue de inmediato,
sino porque el camino deja de ser confuso.

Esta Parte I es ese momento.

Aquí vas a identificar:

- ideas sobre el dinero que parecían normales
- patrones de pensamiento que se repiten
- decisiones automáticas que definen resultados

No para juzgarlas.

Para **reprogramarlas conscientemente.**

Lo que viene a continuación

En los próximos capítulos de esta parte vas a descubrir:

- por qué el problema rara vez es la falta de dinero
- cómo se forma la programación financiera sin darte cuenta
- y por qué trabajar más no siempre produce mejores resultados

Este no es un despertar dramático.

Es un despertar **lúcido.**

No te quita poder.

Te lo devuelve.

Porque el dinero no cambia cuando cambian las circunstancias.

Cambia cuando cambia la forma de pensar de quien las enfrenta.

Y ese cambio
comienza aquí.

1

EL VERDADERO PROBLEMA NO ES EL DINERO

Durante décadas se nos ha repetido la misma idea: si quieres más dinero, necesitas trabajar más.

Más horas.

Más sacrificio.

Más presión.

Más aguante.

Y aunque ese enfoque puede producir ingresos temporales,

raramente produce libertad financiera.

Porque el verdadero problema nunca ha sido la falta de dinero.

El verdadero problema es **la forma en que la mayoría de las personas piensa, decide y actúa en relación con él.**

Esta afirmación no busca provocar.

Busca **poner orden.**

El esfuerzo no está roto, el enfoque sí

El esfuerzo es valioso.

La disciplina es necesaria.

El compromiso importa.

Pero el esfuerzo, por sí solo, **no define el resultado financiero final.**

Si así fuera,

las personas más trabajadoras del mundo serían las más ricas.

Y sabemos que no es así.

Hay personas que trabajan sin descanso

y viven permanentemente al límite.

Y hay otras que, con menos desgaste visible,

logran construir estabilidad, expansión y libertad.

La diferencia no está en cuánto trabajan.

Está en **cómo piensan cuando toman decisiones clave.**

El dinero **como espejo mental**

El dinero no es solo un recurso externo.

Es un **espejo.**

Refleja:

- cómo evalúas oportunidades
- cómo gestionas el riesgo
- cómo reaccionas ante la incertidumbre
- cómo tomas decisiones bajo presión

Dos personas pueden recibir la misma cantidad de dinero

y producir resultados completamente distintos.

No porque el dinero sea diferente,

sino porque **la mente que lo administra lo es.**

Por eso aumentar ingresos sin cambiar mentalidad

rara vez produce un cambio real y duradero.

El dinero crece hasta el nivel de conciencia de quien lo gestiona.

. . .

La trampa del "cuando gane más"

Muchas personas viven bajo una promesa mental peligrosa:

"Cuando gane más, todo se ordenará."

Cuando gane más, ahorraré.

Cuando gane más, invertiré.

Cuando gane más, estaré tranquilo.

Cuando gane más, tendré control.

Pero el dinero no ordena la mente.

La mente ordena el dinero.

Si las decisiones son reactivas con poco dinero,

serán reactivas con mucho.

Si hay miedo con ingresos bajos,

habrá miedo con ingresos altos.

Si no hay claridad ahora,

no la habrá después.

Por eso tantas personas que aumentan sus ingresos

terminan en el mismo punto… o peor.

El problema real: **decisiones automáticas**

La mayoría de las decisiones financieras

no se toman de forma consciente.

Se toman en automático.

Automático al gastar.

Automático al endeudarse.

Automático al evitar riesgos.

Automático al posponer decisiones importantes.

Ese piloto automático no nació contigo.

Fue aprendido.

Aprendido de la familia.

Del entorno.

De la cultura.

Del sistema educativo.
Y mientras no se cuestione,
seguirá produciendo los mismos resultados.

El dinero no responde a deseos

Desear más dinero no cambia nada.
Visualizar sin estructura no cambia nada.
Esperar el “momento correcto” no cambia nada.
El dinero responde a:

- decisiones claras
- criterios firmes
- visión a largo plazo
- control emocional

Y todo eso nace en la mente.
Por eso este libro no empieza hablando de inversiones,
negocios o estrategias externas.
Empieza aquí.
En el lugar donde realmente se define el resultado.

La falsa seguridad financiera

A muchas personas se les enseñó a priorizar la seguridad
por encima del crecimiento.
Un ingreso estable.
Un camino predecible.
Un riesgo mínimo.
Eso puede producir tranquilidad temporal,
pero también limita expansión.
La riqueza rara vez se construye
desde la necesidad de tener todo bajo control.

Se construye desde la capacidad de **pensar estratégicamente**,
evaluar escenarios
y tomar decisiones con información, no con miedo.

Pensar diferente no es pensar **positivo**

Pensar diferente no es repetir frases motivacionales.
No es negar la realidad.
No es vivir en fantasía.
Pensar diferente es:

- cuestionar supuestos
- analizar consecuencias
- entender sistemas
- actuar con intención

Es reemplazar reacción por estrategia.
Y eso se entrena.

El punto **de inflexión**

Hay un momento clave en la vida financiera de una persona.
No es cuando gana su primer gran ingreso.
Es cuando entiende que **el dinero no es el problema.**
Que el problema —y la solución—
están en la forma de pensar desde la cual se toman decisiones.
Ese entendimiento cambia todo.
Porque a partir de ahí,
cada decisión se vuelve consciente.
Cada movimiento tiene dirección.
Cada error se convierte en aprendizaje.

. . .

Lo que este capítulo te deja claro

Si hay algo que este capítulo debe dejarte claro, es esto:

No necesitas más suerte.

No necesitas más sacrificio.

No necesitas más presión.

Necesitas **pensar desde un nivel distinto.**

Y ese es el trabajo que comienza aquí.

En los próximos capítulos vamos a profundizar
en cómo se forma la programación financiera
y cómo empezar a transformarla de forma consciente.

Porque cuando la mente cambia,
el dinero deja de ser un problema
y se convierte en una consecuencia.

2

LA PROGRAMACIÓN FINANCIERA INVISIBLE

La mayoría de las personas cree que sus decisiones financieras son racionales.

Que piensa con lógica.

Que actúa con criterio.

Que elige libremente.

Pero en realidad, una gran parte de esas decisiones

no se toman desde la razón,

sino desde una **programación invisible**.

Una programación que opera en segundo plano.

Silenciosa.

Constante.

Automática.

Y mientras no se haga consciente,

seguirá dirigiendo los resultados financieros de toda una vida.

¿Qué es la programación financiera?

La programación financiera es el conjunto de ideas, creencias y asociaciones

que aprendiste sobre el dinero
mucho antes de tener uno.
No la elegiste.
La absorbiste.
Se formó a través de frases escuchadas repetidamente.
De ejemplos observados.
De reacciones emocionales vistas en otros.
De decisiones tomadas por quienes te rodeaban.
Y como toda programación temprana,
se instaló sin cuestionamientos.

El dinero se aprende antes de entenderse

Antes de saber sumar o restar,
ya habías aprendido cosas como:

- "El dinero cuesta mucho trabajo"
- "Los ricos son de cierta forma"
- "Más vale seguro que arriesgado"
- "El dinero cambia a las personas"
- "No es bueno querer demasiado"

Estas ideas no siempre se dijeron explícitamente.

Muchas veces se transmitieron con actitudes, silencios y emociones.

La tensión al pagar cuentas.
El miedo al hablar de dinero.
La culpa al gastar.
El alivio al recibir un ingreso.
Todo eso educa.

Programación no es culpa, es contexto

Entender tu programación financiera no es culpar a nadie.

Es **entender el contexto.**
La mayoría de las personas que te rodearon
hicieron lo mejor que pudieron
con el nivel de conciencia que tenían.
Pero eso no significa
que ese modelo sea el adecuado
para construir libertad financiera hoy.
El mundo cambió.
Los sistemas cambiaron.
Las oportunidades cambiaron.
Y la programación que antes servía para sobrevivir
hoy puede limitar la expansión.

El origen de las decisiones automáticas

Cuando enfrentas una decisión financiera importante
—invertir, emprender, cambiar de estrategia, asumir un riesgo—
no decides solo con información.
Decides con emociones aprendidas.
Miedo.
Cautela excesiva.
Urgencia.
Impulsividad.
Y esas emociones no aparecen al azar.
Responden a la programación.
Por eso muchas personas:

- evitan oportunidades aunque sean lógicas
- gastan de forma impulsiva cuando sienten presión
- se paralizan al pensar en crecer
- se conforman con niveles que ya no los satisfacen

No porque no puedan más,

sino porque su mente busca **coherencia con lo conocido.**

El dinero como territorio emocional

Para muchos, el dinero no es neutral.
Está cargado de emoción.
Ansiedad al pensar en el futuro.
Tensión al tomar decisiones.
Culpa al gastar en uno mismo.
Miedo a perder lo ganado.
Todo eso indica programación activa.
Y mientras el dinero esté asociado a emociones no resueltas,
las decisiones tenderán a ser defensivas,
no estratégicas.

Por qué la programación es invisible

La programación financiera es invisible
porque se siente normal.
No grita.
No se anuncia.
Simplemente **opera.**
Se manifiesta en pensamientos como:

- "No es el momento"
- "Mejor después"
- "Eso no es para mí"
- "Prefiero no arriesgar"

Pensamientos que parecen prudentes,
pero que muchas veces esconden miedo aprendido.

. . .

La repetición **crea identidad**

Cuando una persona repite las mismas decisiones financieras durante años,

no solo crea resultados,

crea **identidad.**

Empieza a verse a sí misma de cierta forma:

- "Yo no soy bueno para el dinero"
- "A mí siempre me cuesta"
- "Así soy yo con las finanzas"

Y esa identidad refuerza la programación.

No porque sea verdad,

sino porque es familiar.

Hacer **visible lo invisible**

El primer paso del despertar financiero

no es cambiar hábitos externos.

Es **ver.**

Ver:

- qué ideas se repiten
- qué decisiones evitas
- qué emociones aparecen frente al dinero
- qué historias te cuentas internamente

No para juzgarlas.

Para entenderlas.

Porque lo que se hace consciente

deja de controlar automáticamente.

La buena noticia

La programación financiera no es permanente.

No está escrita en piedra.

Está escrita en hábitos mentales.

Y todo hábito mental puede ser cuestionado,
reordenado
y reemplazado.
Pero no desde la fuerza.
Desde la claridad.

El cambio empieza aquí

A partir de este punto,
ya no puedes decir "no sabía".
Ahora sabes que:

- tus decisiones no nacen de la nada
- tu relación con el dinero tiene historia
- y esa historia puede reescribirse

Este capítulo no busca que cambies nada todavía.
Busca que **mires distinto.**
Porque cuando ves distinto,
decides distinto.
Y cuando decides distinto,
el resultado financiero inevitablemente cambia.

Lo que viene **después**

En el próximo capítulo vamos a confrontar una de las ideas

más arraigadas y peligrosas de todas:

la creencia de que **trabajar más siempre produce mejores resultados financieros.**

Ahí vamos a separar definitivamente
el esfuerzo del progreso.
Y ese entendimiento
marca un antes y un después.

3

TRABAJO DURO VS PENSAMIENTO ESTRATÉGICO

Durante generaciones se nos inculcó una idea que parecía incuestionable:

el trabajo duro siempre da resultados.

Y en cierto nivel, eso es verdad.

El esfuerzo permite avanzar.

La disciplina construye estabilidad.

La constancia evita el colapso.

Pero hay una diferencia enorme entre **avanzar** y **expandirse.**

El trabajo duro puede sostener una vida.

Rara vez construye libertad financiera.

El problema no es trabajar duro

Es importante aclararlo desde el inicio:

el trabajo duro no es el enemigo.

El enemigo es creer que **el trabajo duro es suficiente.**

Cuando una persona asocia el progreso financiero exclusivamente al esfuerzo,

termina atrapada en una lógica peligrosa:

si no hay resultados,
la única respuesta posible es trabajar más.
Más horas.
Más sacrificio.
Más desgaste.
Y ese ciclo, aunque socialmente aplaudido,
tiene un límite claro:
el cuerpo, el tiempo y la energía no son infinitos.

El techo **invisible del esfuerzo**

El trabajo duro tiene un techo.

Un punto donde más esfuerzo ya no produce más resultado.

Ese techo aparece cuando:

- tus ingresos dependen directamente de tu tiempo
- tus decisiones son reactivas
- tu enfoque está en ejecutar, no en diseñar

En ese punto, la persona no está fallando.
Está **operando dentro de un sistema limitado.**
Por más que se esfuerce,
el resultado seguirá siendo proporcional al desgaste.

Pensamiento estratégico: **la diferencia real**

El pensamiento estratégico no reemplaza al esfuerzo.
Lo **dirige.**
Las personas que generan riqueza no trabajan menos.
Trabajan **mejor orientadas.**
Se hacen preguntas distintas:

- ¿dónde tiene más impacto mi energía?
- ¿qué decisiones escalan resultados?

• ¿qué sistemas pueden trabajar sin mi presencia constante?

Mientras unos se enfocan en hacer más,
otros se enfocan en **pensar mejor**.
Y esa diferencia cambia todo.

El dinero sigue decisiones, **no sudor**

El dinero no responde al cansancio.
No responde al sacrificio.
No responde al aguante.
Responde a decisiones:

- qué aceptas
- qué rechazas
- qué priorizas
- qué postergas

Dos personas pueden trabajar igual de duro,
pero si una toma decisiones estratégicas
y la otra solo ejecuta órdenes,
los resultados serán inevitablemente distintos.

El error **de confundir ocupación con progreso**

Estar ocupado no es lo mismo que avanzar.
Muchas personas llenan sus días de actividad
para evitar enfrentar una pregunta incómoda:
¿esto realmente me está acercando a la vida que quiero?
El trabajo duro sin dirección
puede convertirse en una forma elegante de estancamiento.
No porque falte voluntad,
sino porque falta **visión estratégica**.

. . .

Pensar antes de hacer

El pensamiento estratégico implica algo que incomoda: detenerse a pensar antes de actuar.

Para muchos, eso se siente improductivo.

Pero en realidad, es lo que evita años de desgaste mal dirigido.

Pensar estratégicamente es:

- evaluar consecuencias antes de decidir
- entender sistemas antes de entrar en ellos
- elegir caminos con intención, no por inercia

Ese hábito separa a quienes repiten ciclos
de quienes construyen expansión.

La ilusión del mérito automático

Existe una creencia silenciosa muy arraigada:
si trabajo duro, merezco más.

El problema es que el dinero no funciona por mérito moral.

Funciona por **valor percibido y sistemas.**

El mercado no premia sacrificio.

Premia impacto.

Y el impacto se construye
cuando el esfuerzo está alineado con estrategia.

De ejecutor a diseñador

La verdadera transición financiera ocurre
cuando una persona deja de verse solo como ejecutor
y empieza a verse como **diseñador de decisiones.**

Diseñador de su tiempo.

Diseñador de sus ingresos.

Diseñador de su enfoque.

Eso no ocurre de la noche a la mañana.
Ocurre cuando el pensamiento cambia.

El punto de claridad

Llegar a este entendimiento no invalida tu pasado.
Lo ordena.
Todo el esfuerzo que hiciste
no fue inútil.
Fue preparación.
Pero a partir de ahora,
el crecimiento ya no vendrá de hacer más.
Vendrá de **pensar distinto antes de hacer**.

Lo que este capítulo deja claro

Si algo debe quedar claro aquí, es esto:
El trabajo duro es necesario,
pero no es el factor que define la libertad financiera.
La libertad financiera nace
cuando el esfuerzo se pone al servicio de una mente estratégica.
Y esa mente se construye.

Lo que viene después

En la siguiente parte del libro
vamos a entrar en la mente que genera riqueza.
No desde frases motivacionales,
sino desde **patrones reales de pensamiento**.
Aquí terminó el despertar.
Ahora empieza la **reprogramación consciente**.

PARTE II

LA MENTE QUE GENERA RIQUEZA

Introducción

Después del despertar viene algo más importante que la motivación:

la **dirección.**

Entender por qué ciertas formas de pensar producen estancamiento

es solo el primer paso.

El verdadero cambio ocurre cuando comienzas a **adoptar una estructura mental distinta,**

una forma de pensar que no reacciona al dinero,

sino que **lo dirige.**

Esta segunda parte del libro no busca convencerte de nada.

Busca mostrarte **cómo opera la mente de quienes generan riqueza de forma consistente,**

y por qué esa forma de operar produce resultados distintos a largo plazo.

No se trata de personas especiales.

No se trata de genios financieros.

No se trata de suerte.

Se trata de **patrones mentales claros**, repetidos una y otra vez

en personas que logran construir expansión financiera real.

Dejar de evitar el dinero y empezar a entenderlo

Para muchas personas, el dinero es un tema cargado de tensión.

Se piensa en él con ansiedad,

se decide con miedo

y se habla de él con incomodidad.

La mente que genera riqueza opera desde otro lugar:

desde la **neutralidad consciente.**

No idealiza el dinero.

No lo demoniza.

Lo entiende.

Y cuando algo se entiende,

deja de controlar emocionalmente.

Esta parte del libro te invita a cambiar tu relación interna con el dinero,

no para obsesionarte,

sino para **pensar con claridad.**

Pensar en largo plazo cambia todo

Una de las diferencias más marcadas entre quienes generan riqueza

y quienes permanecen estancados

es el horizonte mental desde el cual toman decisiones.

La mente limitada decide pensando en semanas.
La mente estratégica decide pensando en años.
Eso no significa descuidar el presente.
Significa **alinear el presente con una visión mayor.**
La riqueza rara vez se construye con decisiones impulsivas.
Se construye con decisiones que respetan el tiempo.

La riqueza como consecuencia de identidad

Las personas no ganan dinero de forma sostenida
si no se ven a sí mismas capaces de administrarlo, expandirlo y sostenerlo.
Por eso la mente que genera riqueza
no solo se enfoca en ingresos,
se enfoca en **identidad.**
Identidad para tomar decisiones difíciles.
Identidad para sostener crecimiento.
Identidad para no sabotearse cuando los resultados mejoran.
El dinero no sigue al deseo.
Sigue a la identidad desde la cual se opera.

Claridad antes que velocidad

Uno de los errores más comunes
es querer acelerar sin claridad.
Buscar resultados rápidos
sin haber ordenado la forma de pensar
solo produce ciclos repetidos.
La mente que genera riqueza prioriza claridad:
entender dónde está,
qué opciones existen

y qué decisiones tienen mayor impacto.
La velocidad llega después.
La expansión llega después.

Reprogramar no es forzar

Reprogramar la mente financiera
no significa luchar contra uno mismo.
Significa **reemplazar automatismos por conciencia.**
Cuestionar creencias heredadas.
Observar decisiones repetidas.
Elegir de forma más intencional.
Esta parte del libro no te va a exigir que seas perfecto.
Te va a invitar a ser **más consciente.**
Y esa conciencia, sostenida en el tiempo,
produce cambios profundos.

El dinero como sistema

La mente que genera riqueza
no ve el dinero como eventos aislados,
sino como **sistemas.**
Sistemas de decisiones.
Sistemas de hábitos.
Sistemas de pensamiento.
Cuando los sistemas están bien diseñados,
el resultado se repite.
Esta es la base de la estabilidad financiera real.

Lo que viene en esta parte

En los próximos capítulos vas a descubrir:

- cómo piensan las personas que generan riqueza

- qué decisiones las diferencian de la mayoría
- y cómo la identidad financiera define los resultados

No desde teoría vacía,
sino desde **patrones observables y aplicables.**
Esta parte del libro marca la transición
entre entender el problema
y **operar desde la solución.**
Aquí no se trata de querer más dinero.
Se trata de **pensar como alguien capaz de generarlo y sostenerlo.**
Y cuando la mente cambia,
el resultado financiero inevitablemente sigue.

4

CÓMO PIENSAN LAS PERSONAS QUE GENERAN RIQUEZA

Las personas que generan riqueza de forma consistente no tienen una mente perfecta.

Tienen una **mente entrenada.**

No piensan distinto porque nacieron así.

Piensan distinto porque **aprendieron a operar desde otros principios.**

Este capítulo no trata de mentalidad positiva.

Trata de **estructura mental.**

La diferencia es clave.

La mente **que genera riqueza piensa en causas, no en resultados**

La mayoría de las personas piensa en resultados.

Cuánto gana.

Cuánto gasta.

Cuánto le falta.

Cuánto desea.

La mente que genera riqueza piensa en **causas.**

Se pregunta:

- ¿qué decisión produjo este resultado?
- ¿qué patrón se está repitiendo?
- ¿qué variable sí puedo controlar?

Mientras unos se obsesionan con el número final,
otros se enfocan en **el proceso que lo crea.**
Por eso su progreso es acumulativo.

SEPARAR **emoción de decisión**

Uno de los rasgos más claros de la mente que genera riqueza
es su relación con la emoción.
No es ausencia de emoción.
Es **gestión consciente.**
La mayoría decide desde:

- miedo
- urgencia
- ansiedad
- euforia

La mente que genera riqueza decide desde:

- información
- perspectiva
- probabilidad
- largo plazo

Esto no significa frialdad.
Significa **claridad bajo presión.**

EL DINERO COMO HERRAMIENTA, **no como identidad**

Cuando el dinero define la identidad,
cada decisión se vuelve personal.
Un error se siente como fracaso.
Una pérdida se siente como humillación.

Un riesgo se siente como amenaza.
La mente que genera riqueza
ve el dinero como una **herramienta estratégica.**
No es "quién soy".
Es "qué uso".
Esa distancia emocional
permite mejores decisiones.

Pensar en términos de valor, no de esfuerzo

La mayoría fue entrenada para intercambiar tiempo por dinero.

Eso crea una lógica limitada.
La mente que genera riqueza piensa en **valor.**
Valor que se crea.
Valor que se entrega.
Valor que se escala.
El esfuerzo importa,
pero el impacto importa más.
Por eso estas personas buscan:

- actividades con mayor apalancamiento
- decisiones que multiplican
- sistemas que repiten resultados

El largo plazo como ventaja competitiva

Mientras muchos buscan resultados inmediatos,
la mente que genera riqueza usa el tiempo como aliado.
Sabe que:

- las decisiones correctas se acumulan
- la paciencia estratégica vence a la urgencia
- la constancia bien dirigida supera al impulso

Pensar en largo plazo

reduce errores costosos
y fortalece estabilidad.

Elegir responsabilidad antes que excusas

La mente que genera riqueza
no se define por lo que le ocurre,
sino por **cómo responde.**
No culpa al entorno.
No se victimiza.
No espera condiciones perfectas.
Asume responsabilidad total
sobre sus decisiones.
Eso no significa ignorar la realidad.
Significa **operar con poder personal.**

Aprender de los errores sin cargar culpa

El error es inevitable.
La diferencia está en la interpretación.
La mente que genera riqueza
ve el error como información.
No como etiqueta personal.
No como sentencia.
Analiza.
Ajusta.
Continúa.
Esa relación con el error
acelera el aprendizaje
y reduce el estancamiento.

Elegir entorno conscientemente

Las personas que generan riqueza
no subestiman el entorno.
Saben que:

- lo que escuchas influye
- lo que normalizas define límites
- lo que toleras se repite

Por eso eligen:

- conversaciones
- información
- referentes

No por elitismo,
sino por **higiene mental.**

Claridad antes que complejidad

La mente que genera riqueza
no complica innecesariamente.
Busca:

- criterios claros
- reglas simples
- decisiones replicables

La complejidad excesiva
es enemiga de la ejecución sostenida.
La claridad permite avanzar
incluso en contextos difíciles.

Coherencia interna

Una mente fragmentada produce resultados fragmentados.

Las personas que generan riqueza
alinean lo que piensan, dicen y hacen.
No prometen más de lo que pueden sostener.

No persiguen todo al mismo tiempo.
No cambian de dirección constantemente.
Esa coherencia crea confianza:

- en ellas mismas
- en los demás
- en los sistemas que construyen

Lo que este **capítulo deja claro**

La mente que genera riqueza
no es mística.
No es mágica.
No es exclusiva.
Es **entrenable.**
Y empieza con:

- observar cómo piensas
- cuestionar decisiones automáticas
- elegir con mayor intención

No necesitas cambiar todo hoy.
Necesitas **pensar mejor de forma consistente.**

Lo que viene **después**

En el siguiente capítulo vamos a profundizar
en el punto donde la mayoría se equivoca:
las decisiones pequeñas.
Porque no son los grandes movimientos
los que definen el nivel financiero,
sino las decisiones diarias
que parecen insignificantes.
Y ahí está una de las claves más poderosas de todas.

5

DECISIONES QUE MULTIPLICAN VS DECISIONES QUE ESTANCAN

La diferencia entre estancamiento y expansión financiera

no suele estar en una gran decisión épica.

Está en **decisiones pequeñas**, repetidas con coherencia

o con miedo.

La mayoría de las personas no fracasa por una mala decisión.

Fracasa por **miles de decisiones aparentemente insignificantes**

que, acumuladas, producen el mismo resultado una y otra vez.

Este capítulo no trata de decisiones extraordinarias.

Trata de **criterios.**

Porque quien tiene criterios claros

toma mejores decisiones incluso en días normales.

Decidir no es elegir **al azar**

Decidir no es reaccionar.

No es improvisar.

No es seguir lo que otros hacen.
Decidir es **evaluar conscientemente.**
La mente que genera riqueza no se pregunta primero:
¿qué es más fácil?
Se pregunta:
¿qué decisión crea mayor impacto a largo plazo?
Esa sola pregunta cambia la trayectoria financiera.

El costo **invisible de las decisiones cómodas**

Las decisiones cómodas rara vez se sienten peligrosas.
Por eso son tan traicioneras.
No duelen hoy.
No generan conflicto inmediato.
No parecen errores.
Pero a largo plazo, **construyen estancamiento.**
Elegir comodidad repetidamente
reduce crecimiento sin que te des cuenta.
La mente que genera riqueza entiende algo clave:
la comodidad sostenida tiene un precio oculto.

Decisiones que multiplican

Las decisiones que multiplican tienen ciertas características en común:

- no buscan gratificación inmediata
- consideran consecuencias futuras
- implican aprendizaje
- expanden capacidad

No siempre son espectaculares.
Muchas veces son silenciosas.
Invertir en conocimiento antes que en apariencia.
Elegir estrategia antes que urgencia.

Priorizar estructura antes que impulso.
Estas decisiones no siempre se celebran.
Pero siempre **se acumulan.**

Decisiones que estancan

Las decisiones que estancan también comparten patrones:

- alivian tensión momentánea
- evitan incomodidad
- mantienen todo “bajo control”
- postergan crecimiento

Se sienten seguras.
Pero esa seguridad es frágil.
El estancamiento no ocurre cuando todo va mal.
Ocurre cuando todo parece suficientemente bien
como para no cambiar nada.

El poder **de la repetición consciente**

Una sola decisión rara vez define un destino.
La repetición sí.

La mente que genera riqueza se entrena para notar patrones:

- ¿qué decisiones repito cuando estoy cansado?
- ¿qué elijo cuando tengo miedo?
- ¿qué hago cuando aparece una oportunidad?

Observar sin juzgar
permite corregir sin culpa.
Y ahí empieza la multiplicación.

Elegir expansión **sobre validación**

Muchas decisiones financieras no se toman
pensando en resultados,
sino en **aprobación.**
Qué pensarán otros.
Cómo se verá.
Qué dirán.
La mente que genera riqueza prioriza expansión
sobre validación externa.
No busca impresionar.
Busca **construir.**
Eso libera energía mental
y permite decisiones más alineadas con el largo plazo.

Decidir con información, no con ruido

Vivimos rodeados de opiniones, tendencias y estímulos.
La mayoría es ruido.
La mente que genera riqueza filtra.
No consume información indiscriminadamente.
Busca:

- datos relevantes
- experiencias reales
- principios sólidos

Menos información.
Mejor criterio.

El rol del tiempo en cada decisión

Toda decisión tiene una relación con el tiempo.
Algunas consumen tiempo.
Otras lo liberan.
Algunas dependen de tu presencia constante.
Otras crean continuidad.

La mente que genera riqueza aprende a distinguir
qué decisiones **escalan**
y cuáles solo mantienen ocupación.

Elegir progreso **sobre perfección**

La perfección paraliza.
El progreso construye.
Muchas personas postergan decisiones importantes
esperando el momento ideal.
La mente que genera riqueza entiende
que el momento perfecto no existe.
Decide con la mejor información disponible
y ajusta en el camino.
Ese movimiento constante
es una ventaja competitiva enorme.

El efecto **compuesto de decidir bien**

Las decisiones correctas no siempre se sienten correctas al inicio.

A veces incomodan.
A veces asustan.
Pero con el tiempo,
su efecto compuesto es innegable.
Más claridad.
Más opciones.
Más control.
El dinero empieza a responder
no por magia,
sino por coherencia acumulada.

. . .

LO QUE ESTE **capítulo te invita a hacer**

No a cambiar todo hoy.
A **elegir mejor conscientemente.**
A observar una sola decisión diaria
y preguntarte:
¿esto multiplica o estanca?
Esa pregunta, repetida,
reordena la mente financiera.

LO QUE VIENE **después**

En el siguiente capítulo
vamos a entrar en el núcleo más profundo de todos:
la identidad financiera.
Porque no importa qué decisiones conozcas
si no te ves a ti mismo capaz de sostener nuevos resultados.
Y ahí es donde muchas personas se sabotean
sin darse cuenta.

6

IDENTIDAD FINANCIERA: QUIÉN CREES QUE ERES DEFINE CUÁNTO GANAS

El dinero no se detiene en los ingresos.

Se detiene en la **identidad**.

Puedes aprender estrategias.

Puedes aumentar ingresos.

Puedes tener oportunidades.

Pero si tu identidad financiera no está preparada para sostener ese nivel,

el resultado inevitable será el mismo:

volver al punto conocido.

Este capítulo explica por qué.

La identidad **siempre gana**

La identidad es la imagen interna que tienes de ti mismo.

No lo que dices en voz alta,

sino lo que **crees silenciosamente** que eres capaz de manejar, merecer y sostener.

El dinero crece hasta el nivel de identidad

y luego encuentra la forma de regresar a lo familiar.

Por eso hay personas que:

- ganan más y gastan más
- crecen y luego se estancan
- tienen oportunidades y las pierden
- avanzan y luego retroceden

No por falta de capacidad,
sino por **coherencia interna.**
La mente busca ser consistente con la identidad.

Cuando el dinero **amenaza la identidad**

Para muchas personas, ganar más dinero
no se siente seguro.
Se siente incómodo.
Genera ansiedad.
Despierta miedo a perder.
Activa pensamientos de autosabotaje.
No porque el dinero sea malo,
sino porque **rompe la imagen interna conocida.**
La identidad limitada prefiere la estabilidad conocida
antes que la expansión incierta.
Y cuando aparece una brecha entre ingresos e identidad,
la mente busca cerrarla... hacia abajo.

Creencias que definen **identidad financiera**

La identidad financiera se forma a partir de creencias profundas como:

- "Yo no soy bueno con el dinero"
- "Siempre me cuesta"
- "Ganar mucho trae problemas"
- "Eso no es para mí"
- "Me conformo con lo suficiente"

Estas creencias no siempre son conscientes.
Pero dirigen decisiones.
Y una decisión repetida
se convierte en resultado.

El error de intentar cambiar resultados sin cambiar identidad

Muchas personas intentan cambiar su realidad financiera
sin tocar su identidad.
Cambian de trabajo.
Cambian de estrategia.
Cambian de entorno.
Pero no cambian la imagen interna desde la cual operan.
Y la identidad, tarde o temprano,
restaura el equilibrio.
Por eso el crecimiento real no empieza afuera.
Empieza **dentro.**

Identidad no es autoestima

Es importante aclararlo:
identidad financiera no es autoestima.
No se trata de "sentirte bien contigo".
Se trata de **cómo te ves operando con dinero.**

- ¿Te ves administrando más?
- ¿Te ves tomando decisiones grandes?
- ¿Te ves sosteniendo crecimiento?

Si internamente la respuesta es no,
la mente encontrará formas de evitarlo.

. . .

La identidad **se construye con evidencia**

La identidad no cambia con afirmaciones vacías.
Cambia con **experiencias consistentes.**
Cada decisión consciente
envía un mensaje a la mente:
"Soy alguien que decide distinto."
Cada límite que respetas.
Cada criterio que sostienes.
Cada error que analizas sin culpa.
Todo eso **reprograma identidad.**

El sabotaje no es debilidad, **es protección**

El autosabotaje financiero no es un defecto.
Es un mecanismo de protección.
Protección de la identidad conocida.
Cuando lo entiendes así,
dejas de atacarte
y empiezas a **reeducarte.**
La pregunta deja de ser:
¿por qué me saboteo?
Y se convierte en:
¿qué identidad estoy protegiendo?

Expandir **identidad sin violencia interna**

La expansión real no ocurre a la fuerza.
Ocurre por **exposición gradual.**
Tomar decisiones un poco más grandes.
Sostener responsabilidades nuevas.
Manejar cantidades mayores con calma.
Cada paso amplía la identidad.
Sin prisa.

Sin dramatismo.

El dinero sigue a quien puede sostenerlo

El dinero no sigue a quien lo desea intensamente.
Sigue a quien **puede manejarlo sin perder claridad.**
Por eso la mente que genera riqueza
trabaja primero en identidad,
y luego en expansión.

Redefinir quién eres financieramente

Este capítulo te invita a algo profundo:
No a convertirte en alguien distinto,
sino a **expandir la versión que ya eres.**
A verte como alguien capaz de:

- decidir con claridad
- manejar crecimiento
- sostener resultados
- aprender sin colapsar

Esa identidad no se impone.
Se construye.

Lo que este capítulo deja claro

El dinero no te cambia.
Revela.
Revela hasta dónde llega tu identidad actual.
Y eso no es una sentencia.
Es información.
Información que puedes usar
para crecer de forma consciente.

. . .

Lo que viene después

En la última parte del libro
vamos a unir todo en un **sistema.**
Un sistema mental que:

- sostiene crecimiento
- evita retrocesos
- y convierte claridad en libertad financiera real

Porque entender no es suficiente.
Hay que **vivir** la nueva identidad.

PARTE III

EL SISTEMA QUE SOSTIENE LA RIQUEZA

Introducción

Llegar hasta aquí significa algo importante.

No porque hayas leído un libro.

Sino porque ahora **ves el dinero desde otro nivel**.

Ya no lo ves como un problema externo.

Ya no lo ves como algo que llega o se va por suerte.

Ya no lo ves como una meta aislada.

Ahora entiendes que el dinero responde a **cómo operas**,

a la estructura mental desde la cual decides,

y a la identidad que sostienes en el tiempo.

Pero entender no es suficiente.

La verdadera diferencia entre quienes generan riqueza real

y quienes viven empezando de nuevo

no está en lo que saben,

sino en **lo que sostienen**.

Esta última parte del libro existe por una razón clara:
enseñarte a **convertir claridad en sistema.**

El error más común después de entender

Muchas personas llegan a grandes conclusiones
y luego vuelven a la vida cotidiana
esperando que esas conclusiones se sostengan solas.
No ocurre.
La vida tiene ritmo.
Tiene presión.
Tiene imprevistos.
Tiene ruido.
Y sin un sistema, incluso la mejor comprensión
se diluye con el tiempo.
Por eso tantas personas:

- leen libros poderosos
- tienen momentos de claridad
- se sienten distintas por un tiempo
- y luego regresan a patrones conocidos

No porque la información fuera mala.
Sino porque **no había estructura.**

La riqueza no se mantiene con motivación

La motivación es volátil.
Sube y baja.
Depende del estado emocional, del entorno y del cansancio.
La riqueza no se construye ni se sostiene con motivación.
Se sostiene con **sistemas simples y coherentes.**
Un sistema no te exige estar inspirado.

Te permite avanzar incluso cuando no lo estás.

Por eso las personas que mantienen crecimiento financiero

no dependen de sentirse bien todo el tiempo.

Dependen de **estructuras que ya decidieron por ellas.**

El sistema como contenedor de identidad

En la Parte II viste que la identidad financiera
define cuánto puedes sostener.
Pero la identidad, por sí sola,
necesita un contenedor.
Ese contenedor es el sistema.
El sistema protege tu nueva forma de pensar
cuando el entorno presiona.
Cuando aparece el cansancio.
Cuando el miedo intenta regresar.
Cuando el ruido se intensifica.
Sin sistema, la identidad se erosiona.
Con sistema, se fortalece.

Orden antes que expansión

Uno de los errores más costosos
es intentar expandirse sin orden.
Más ingresos sin claridad.
Más oportunidades sin criterios.
Más movimiento sin dirección.
Eso no es crecimiento.
Es dispersión.
La riqueza real se construye al revés:
primero orden,
luego expansión.

Esta parte del libro te va a mostrar
cómo crear ese orden mental y operativo
sin rigidez,
sin obsesión,
sin perder humanidad.

El sistema no controla tu vida, la libera

Existe una idea equivocada
de que tener sistemas es vivir limitado.
La realidad es la contraria.
Un buen sistema:

- reduce decisiones innecesarias
- elimina conflicto interno
- protege tu energía
- libera enfoque

Las personas que generan riqueza
no están pensando todo el día en dinero.
Tienen sistemas que **ya lo gestionan**.
Y eso les permite vivir con mayor presencia.

La estabilidad como nueva forma de poder

El verdadero poder financiero
no es ganar mucho un mes.
Es **mantener claridad en el tiempo.**
Estabilidad emocional.
Estabilidad mental.
Estabilidad operativa.
Esa estabilidad no es aburrida.
Es liberadora.
Te permite:

- tomar mejores decisiones

- aprovechar oportunidades
- evitar retrocesos innecesarios

Esta parte del libro está diseñada
para ayudarte a construir esa estabilidad
de forma consciente.

El sistema funciona en días buenos y malos

Un sistema real no depende de condiciones ideales.
Funciona:

- cuando todo fluye
- cuando hay presión
- cuando hay cansancio
- cuando hay ruido

Porque no exige perfección.
Exige **coherencia mínima sostenida.**
Aquí no vas a aprender a ser impecable.
Vas a aprender a **no romperte.**

Dejar de empezar de nuevo

Uno de los mayores costos financieros
no es perder dinero.
Es perder **momentum.**
Empezar de nuevo.
Reorganizarse.
Volver a motivarse.
Volver a decidir.
El sistema que vas a construir aquí
tiene un objetivo central:
que no tengas que empezar de nuevo.
Ajustar, sí.
Corregir, sí.

Reordenar, sí.
Pero no volver al punto cero.

El dinero como consecuencia inevitable

Cuando la mente está clara,
la identidad expandida
y el sistema activo,
el dinero deja de ser una obsesión.
Se convierte en consecuencia.
Consecuencia de decisiones mejor diseñadas.
Consecuencia de criterios sostenidos.
Consecuencia de coherencia repetida.
No magia.
No suerte.
No promesas vacías.
Estructura.

Lo que vas a construir aquí

En los capítulos finales de este libro
vas a aprender a:

- crear un sistema mental que no se quiebra
- sostener crecimiento sin sabotearte
- operar con claridad incluso en días caóticos
- convertir pensamiento en resultados reales

No como teoría.
Como **forma de vida.**

El cierre verdadero

Esta última parte no busca impresionarte.
Busca acompañarte.

Porque la riqueza real
no se construye en momentos épicos,
sino en **días normales bien operados.**
Y eso es exactamente
lo que estás a punto de aprender.

7

EL SISTEMA MENTAL QUE SOSTIENE LA RIQUEZA

La riqueza no se pierde por falta de oportunidades.

Se pierde por falta de **sistema.**

Personas inteligentes, trabajadoras y capaces

han ganado dinero... y lo han perdido.

Han avanzado... y han retrocedido.

Han tenido claridad... y luego confusión.

No porque no supieran qué hacer,

sino porque **no tenían una estructura que sostuviera su nueva forma de pensar.**

Este capítulo existe para resolver eso.

El sistema es lo que queda cuando la emoción se va

La emoción es poderosa,

pero no es confiable.

Hay días de enfoque.

Hay días de cansancio.

Hay días de duda.

Hay días de presión.

Un sistema no depende del estado emocional.

Funciona **a pesar de él.**
La mente que genera riqueza
no confía en sentirse bien todo el tiempo.
Confía en **decisiones ya diseñadas.**
Por eso el sistema es superior a la motivación.

Qué es realmente **un sistema mental**

Un sistema mental no es rigidez.
No es control obsesivo.
No es vivir tenso.
Un sistema mental es un **conjunto de criterios claros**
que guían decisiones sin conflicto interno.
Cuando existe sistema:

- decides más rápido
- dudas menos
- te desgastas menos
- corriges sin drama

El sistema reduce fricción.

Y la fricción es uno de los mayores enemigos del crecimiento financiero.

Decidir una vez, **ejecutar muchas**

Uno de los principios más poderosos de la riqueza sostenida es este:

las decisiones importantes se toman pocas veces;
la ejecución ocurre todos los días.

La mayoría vive al revés:
decide todo el tiempo, ejecuta poco.
Eso agota.
La mente que genera riqueza
decide criterios, no reacciones.

Decide:

- qué tipo de oportunidades acepta
- cómo maneja el riesgo
- cómo prioriza el largo plazo
- qué no negocia

Y luego ejecuta sin negociar cada día.

El sistema **protege cuando el entorno presiona**

El entorno siempre presiona.
Opiniones ajenas.
Urgencias externas.
Comparaciones.
Ruido constante.
Sin sistema, la mente se fragmenta.
Con sistema, la mente filtra.
No todo merece atención.
No toda oportunidad es correcta.
No todo avance es progreso.
El sistema funciona como un **filtro mental**
que protege tu dirección.

Coherencia mínima sostenida

La riqueza no se construye con acciones perfectas.
Se construye con **coherencia mínima sostenida.**
Hacer lo correcto la mayoría del tiempo.
Corregir rápido cuando te desvías.
No dramatizar errores.
No abandonar la estructura.
Este enfoque elimina uno de los mayores sabotajes:
el todo o nada.
Un sistema sólido **absorbe imperfección**

sin romperse.

El rol del orden mental

Antes del orden financiero,
siempre hay orden mental.
Orden en:

- prioridades
- criterios
- enfoque
- energía

Cuando el orden mental existe,
las decisiones financieras se simplifican.
Cuando no existe,
ninguna estrategia externa funciona por mucho tiempo.

El sistema como base de libertad

Paradójicamente,
el sistema no limita la libertad:
la crea.
Porque cuando no tienes que decidir todo el tiempo,
tu energía queda disponible para crear, observar y expandir.
La libertad financiera real
no es hacer lo que quieras todo el día.
Es **no estar atrapado en decisiones caóticas.**

El sistema evita el autosabotaje silencioso

El autosabotaje no suele ser dramático.
Es silencioso.
Pequeñas concesiones.

Decisiones postergadas.
Excesos justificados.
Falta de seguimiento.
Un sistema bien diseñado
detecta desviaciones temprano
y permite corregir sin culpa.
Eso mantiene el crecimiento estable.

Pensar como operador, no como espectador

La mente que genera riqueza
no observa su vida financiera desde afuera.
Opera.
Evalúa.
Ajusta.
Refina.
No se juzga.
Se corrige.
Ese cambio de rol
es clave para sostener resultados.

El sistema se fortalece con el tiempo

Al inicio, el sistema requiere atención.
Con el tiempo, se vuelve natural.
Lo que antes requería esfuerzo
se convierte en identidad operativa.
Ese es el punto donde la riqueza deja de sentirse frágil
y empieza a sentirse **estable.**

Lo que este capítulo deja claro

Sin sistema, el crecimiento es temporal.

Con sistema, el crecimiento es sostenido.
No necesitas hacerlo complicado.
Necesitas hacerlo **claro y consistente.**

Lo que viene después

En el siguiente capítulo
vamos a llevar este sistema
a los días más difíciles:
los días caóticos.
Porque si el sistema funciona ahí,
funciona siempre.

8

CÓMO OPERAR EL SISTEMA EN DÍAS CAÓTICOS

La vida no avisa.

Días largos.

Cambios inesperados.

Presión externa.

Cansancio acumulado.

Es en esos días donde la mayoría de las personas rompe su estructura financiera sin darse cuenta.

No por malas decisiones grandes, sino por **pequeñas concesiones** que parecen inofensivas.

Este capítulo existe para algo muy concreto: enseñarte a **no romper el sistema cuando el entorno se desordena**.

El error de esperar condiciones ideales

Uno de los errores más costosos es creer que el progreso financiero requiere días perfectos.

Tiempo libre.

Energía alta.

Calma mental.
Esas condiciones son excepciones, no la norma.
La mente que genera riqueza no espera días ideales.
Aprende a **operar con lo que hay**.

El objetivo **real en días caóticos**

En días caóticos, el objetivo no es avanzar mucho.
Es **no retroceder.**
Mantener estructura mínima.
Proteger criterios clave.
Evitar decisiones impulsivas.
Un solo día no define un destino.
Pero romper el sistema sí inicia el retroceso.

Decisiones mínimas, **impacto máximo**

El sistema funciona porque se adapta.
En días caóticos, se activa un principio esencial:
decisiones mínimas coherentes.
No grandes movimientos.
No cambios radicales.
No heroicidad.
Decisiones pequeñas que mantienen la dirección.
Elegir no empeorar.
Elegir no romper.
Elegir no abandonar.
Eso es poder real.

El error del "ya mañana"

En días difíciles aparece un pensamiento peligroso:
"Hoy no cuenta."

Ese pensamiento parece lógico.
Pero es una trampa.
Hoy **siempre** cuenta.
No para avanzar mucho,
sino para **mantener identidad.**
Cuando decides no romper el sistema hoy,
refuerzas quién eres.

Proteger energía antes que resultados

En días caóticos, la energía es limitada.
La mente que genera riqueza
no exige rendimiento máximo en todo momento.
Exige **protección de energía.**
Dormir lo posible.
Reducir decisiones innecesarias.
Evitar conflictos internos.
La energía preservada hoy
es claridad disponible mañana.

El sistema como red de contención

Un sistema bien diseñado no te exige brillar.
Te sostiene.
Absorbe errores.
Tolera imperfección.
Permite corrección sin culpa.
Cuando el sistema existe,
un mal día no destruye el proceso.
Lo entrena.

El rol del autocontrol estratégico

El autocontrol no es represión.
Es **dirección consciente.**
En días caóticos, el autocontrol se manifiesta como:

- no tomar decisiones grandes
- no gastar por emoción
- no reaccionar a presión externa
- no cambiar criterios

No avanzar también puede ser una decisión estratégica.

No dramatizar el desorden

El caos no es señal de fracaso.
Es señal de vida.
Dramatizar el desorden
convierte ajustes normales en crisis innecesarias.
La mente que genera riqueza
normaliza el caos
y confía en su sistema.

El principio de no empeorar

En días caóticos, aplica esta regla simple:
no hagas nada que haga el día siguiente más difícil.
Esa sola regla:

- evita excesos
- evita decisiones impulsivas
- evita retrocesos innecesarios

Y mantiene el sistema activo.

Identidad bajo presión

La verdadera identidad se revela bajo presión.
No cuando todo fluye,

sino cuando hay ruido.
Cada día caótico es una oportunidad
de confirmar quién eres ahora.
No con grandes actos,
sino con **coherencia mínima.**

El efecto **acumulado de no romper**

Desde afuera, mantener el sistema en días difíciles
puede parecer irrelevante.
Desde dentro,
es lo que construye estabilidad real.
Porque la riqueza sostenida
no se crea con días épicos,
sino con **días normales bien gestionados.**

Lo que este **capítulo deja claro**

No necesitas dominar el caos.
Necesitas **no dejar que te domine.**
Un sistema fuerte no elimina el desorden.
Lo atraviesa.

Lo que viene **después**

En el capítulo final
vamos a integrar todo.
No como resumen,
sino como **cierre de identidad.**
Ahí el lector deja de "hacer el proceso"
y empieza a **vivir desde él.**

9

CONSTRUIR LIBERTAD FINANCIERA A LARGO PLAZO

La verdadera libertad financiera no se anuncia.
Se **sostiene.**
No se construye con picos de ingresos.
Se construye con **claridad repetida en el tiempo.**
Muchas personas confunden libertad financiera
con ganar más dinero durante un periodo corto.
Pero la libertad real es otra cosa:
es **no vivir bajo presión constante,**
no depender de urgencias,
no tomar decisiones desde el miedo,
y no retroceder cada vez que el entorno se vuelve exigente.

Este capítulo existe para cerrar una idea central del libro:

la riqueza no se persigue, **se diseña.**

La libertad financiera no es un evento, es una forma de operar

Uno de los errores más comunes

es pensar que la libertad financiera "llega".

Como si fuera un punto final.

Una meta que se cruza y listo.

La realidad es distinta.

La libertad financiera es una **forma de operar todos los días**:

- cómo decides
- cómo priorizas
- cómo gestionas riesgo
- cómo respondes a presión

No depende de un ingreso específico.

Depende de **coherencia interna sostenida.**

El largo plazo **como estrategia superior**

El largo plazo no es paciencia pasiva.

Es **ventaja estratégica.**

Pensar en largo plazo te permite:

- evitar decisiones impulsivas
- soportar fluctuaciones sin colapsar
- elegir crecimiento real sobre gratificación inmediata

Las personas que construyen libertad financiera
no ganan siempre.

Pero **aprenden siempre.**

Y ese aprendizaje acumulado
se convierte en estabilidad.

El dinero **como consecuencia inevitable**

Cuando la mente está clara,
la identidad alineada
y el sistema activo,
el dinero deja de ser una obsesión.

Se vuelve consecuencia.
Consecuencia de:

- decisiones mejor diseñadas
- criterios sostenidos
- energía bien dirigida
- errores corregidos a tiempo

No hay magia aquí.
Hay estructura.

Evitar el mayor enemigo: **volver al punto inicial**

El mayor enemigo de la libertad financiera
no es perder dinero.
Es **perder dirección**.
Volver a reaccionar.
Volver a improvisar.
Volver a decidir desde el miedo.
Por eso todo lo que has trabajado en este libro
apunta a una sola cosa:
no tener que empezar de nuevo.
Ajustar, sí.
Refinar, sí.
Reordenar, sí.
Pero no volver al punto cero.

La riqueza **como estado interno**

La riqueza real no empieza en la cuenta bancaria.
Empieza en la forma en que una persona
se relaciona consigo misma bajo presión.
Cuando sabes:

- quién eres financieramente
- qué criterios sostienes

• qué sistema te respalda
la vida deja de sentirse caótica.
Incluso cuando hay retos.

VIVIR SIN PRISA, **pero con dirección**

La prisa financiera es una trampa.
Empuja a decisiones pobres.
Genera ansiedad.
Rompe sistemas.
La mente que genera riqueza
avanza sin prisa,
pero con dirección clara.
Ese ritmo constante
vence a cualquier impulso desordenado.

EL VERDADERO **significado de libertad**

Libertad financiera no es gastar sin pensar.
Es **elegir con claridad.**
Elegir:
• cuándo avanzar
• cuándo esperar
• cuándo arriesgar
• cuándo proteger
Es tener margen mental y emocional
para decidir bien.

INTEGRAR **todo lo aprendido**

Si este libro hizo bien su trabajo,
ahora sabes que:
• el dinero no es el problema

- la mente dirige los resultados
- la identidad define el nivel
- el sistema sostiene el crecimiento

Nada de eso funciona aislado.
Todo funciona **integrado.**

El cierre **real**

No necesitas hacer más.
Necesitas **operar mejor.**
No necesitas correr.
Necesitas **dirección.**
No necesitas convertirte en alguien distinto.
Necesitas **expandir la versión que ya eres.**
La libertad financiera no es un sueño lejano.
Es una construcción diaria
hecha de decisiones claras,
criterios firmes
y coherencia sostenida.

Una última verdad

El dinero va y viene.
La claridad permanece.
Y cuando la claridad permanece,
la libertad deja de ser una promesa
y se convierte en una consecuencia inevitable.

EPÍLOGO

Hay un punto silencioso en todo proceso real
donde algo se acomoda por dentro.
No es euforia.
No es ruido.
No es promesa.
Es claridad.
La claridad de entender que el dinero
nunca fue el enemigo
ni el objetivo final,
sino el reflejo de cómo operas tu vida.
A lo largo de este libro no aprendiste fórmulas secretas.
Aprendiste algo más valioso:
aprendiste a pensar con estructura.
Y eso cambia todo.

La verdadera transformación **es interna**

La mayoría de las personas busca cambiar su realidad financiera
desde afuera.

Más ingresos.
Más oportunidades.
Más contactos.
Más información.
Pero la transformación que se sostiene
siempre ocurre **adentro.**
En cómo decides cuando nadie te observa.
En cómo respondes cuando hay presión.
En cómo eliges cuando el camino fácil compite con el correcto.
Ese nivel de decisión no se compra.
Se construye.

El dinero como maestro silencioso

El dinero enseña sin hablar.
Revela:

- cómo manejas la incertidumbre
- cómo respondes al miedo
- cómo te relacionas con el control
- cómo sostienes crecimiento

Por eso dos personas con la misma oportunidad
terminan en lugares distintos.
No por suerte.
Por estructura interna.
Cuando entiendes esto,
dejas de culpar al entorno
y empiezas a **operar con poder**.

Lo que realmente cambia cuando la mente cambia

Cuando la mente cambia:

- las decisiones se simplifican

- el ruido pierde fuerza
- la urgencia se reduce
- la claridad aumenta

No porque la vida sea más fácil,
sino porque **tú eres más claro.**
Y la claridad es una ventaja competitiva enorme
en un mundo saturado de impulsos.

La riqueza no es acumulación, es estabilidad

La riqueza real no se mide solo en números.
Se mide en **estabilidad.**
Estabilidad para:

- tomar decisiones sin ansiedad
- asumir riesgos calculados
- atravesar pérdidas sin colapsar
- sostener crecimiento sin sabotaje

Esa estabilidad no aparece por casualidad.
Es el resultado de identidad y sistema alineados.

El fin de la prisa financiera

Uno de los mayores cambios internos
ocurre cuando la prisa desaparece.
La prisa empuja a errores.
La prisa rompe estructuras.
La prisa confunde movimiento con progreso.
Cuando la mente se ordena,
la prisa deja de gobernar.
Y cuando la prisa se va,
las decisiones mejoran.

. . .

Vivir desde criterios, no desde impulsos

A partir de ahora,
la diferencia no estará en lo que sabes,
sino en **los criterios que sostienes.**
Criterios para gastar.
Criterios para invertir.
Criterios para decir no.
Criterios para esperar.
Los criterios correctos
protegen tu energía
y multiplican resultados en el tiempo.

El momento en que el sistema se vuelve identidad

Llega un punto —y quizá ya lo estás sintiendo—
donde el sistema deja de sentirse como esfuerzo.
Se vuelve natural.
Ya no negocias contigo mismo cada decisión.
Ya no reaccionas a todo.
Ya no persigues validación financiera.
Operas.
Y cuando operas desde claridad,
la riqueza deja de sentirse frágil.

No volver a empezar de cero

Si este libro deja una sola huella en ti,
que sea esta:
no necesitas empezar de nuevo.
Necesitas **continuar mejor.**
Ajustar sin dramatizar.
Corregir sin castigarte.
Reordenar sin abandonar.

Eso es madurez financiera.

La libertad **como consecuencia**

La libertad financiera no se exige.
Se **gana**.
Se gana cuando:
- la mente está clara
- la identidad está alineada
- el sistema está activo

No llega como milagro.
Llega como consecuencia.
Y las consecuencias correctas
siempre nacen de decisiones correctas sostenidas.

El cierre **real**

Este libro termina aquí,
pero la forma de pensar que construiste no.
Se vive.
Se refina.
Se fortalece.
Cada día que eliges claridad sobre impulso,
estructura sobre emoción,
criterio sobre urgencia,
te acercas más a la libertad real.
No porque corras,
sino porque **sabes exactamente hacia dónde vas.**

Una última verdad

El dinero va y viene.
La identidad permanece.

Y cuando la identidad es sólida,
la riqueza deja de ser una meta
y se convierte en un estado natural.

MANIFIESTO DE LA MENTE DEL DINERO

Hay libros que se leen.
Y hay libros que **marcan un antes y un después.**
Este no fue escrito para entretenerte.
Fue escrito para **reordenarte.**
Porque el dinero nunca fue solo dinero.
Fue siempre un reflejo silencioso de cómo piensas,
de cómo decides
y de cómo respondes cuando la vida no coopera.
Si llegaste hasta aquí,
no es casualidad.
Es señal de que ya no buscas respuestas simples
para problemas complejos.
Buscas **estructura.**

El día que dejaste de pedir permiso

Hay un momento invisible
en el que una persona deja de pedir permiso internamente.
Permiso para crecer.
Permiso para aspirar a más.
Permiso para pensar distinto.
Permiso para romper patrones heredados.
Ese momento no hace ruido.
Pero cambia todo.
Porque cuando dejas de pedir permiso,
empiezas a **operar.**

Y operar es la base de toda libertad real.

El dinero no te debía nada

Una de las verdades más duras —y más liberadoras—
es entender que el dinero no te debe nada.
No responde al sacrificio.
No responde a la intención.
No responde al deseo.
Responde a **estructura**.
Cuando entiendes esto,
dejas de frustrarte
y empiezas a **diseñar**.
Diseñar tu forma de pensar.
Diseñar tus decisiones.
Diseñar tus sistemas.
Y cuando diseñas,
el azar pierde poder.

El fin de la mentalidad de supervivencia

Durante años, muchas personas viven financieramente en supervivencia.

Reaccionan.
Apagan fuegos.
Sobreviven al mes.
Celebran pequeños alivios
y temen cualquier movimiento grande.
La supervivencia es agotadora
porque nunca descansa.
La mente del dinero no sobrevive.
Construye.
Construye margen.

Construye claridad.
Construye opciones.
Y cuando hay opciones,
hay libertad.

El dinero como resultado, no como identidad

Cuando el dinero se vuelve identidad,
cada movimiento se siente personal.
Cada error duele más de lo necesario.
Cada pérdida se dramatiza.
Cada comparación desgasta.
Cuando el dinero vuelve a ser resultado,
la mente se calma.
Puedes analizar.
Puedes ajustar.
Puedes seguir.
Ese cambio es uno de los más importantes
que puedes hacer en tu vida financiera.

No estás atrasado, estás despertando

Uno de los mayores engaños modernos
es la comparación constante.
Parece que todos avanzan más rápido.
Que todos saben más.
Que todos van adelante.
La verdad es otra:
Cada persona despierta cuando está lista.
Y despertar tarde no es un problema.
Quedarte dormido, sí.
Si hoy estás aquí,
no estás atrasado.

Estás **despierto.**

El verdadero lujo es la claridad

Muchos piensan que el lujo es gastar sin mirar precios.
Otros creen que es tener más que los demás.
El verdadero lujo es **claridad mental.**
Claridad para decir no.
Claridad para esperar.
Claridad para invertir.
Claridad para retirarte de lo que no suma.
Esa claridad no se compra.
Se construye.
Y una vez que la tienes,
nadie puede quitártela.

El sistema siempre vence a la fuerza de voluntad

La fuerza de voluntad se agota.
El sistema no.
Por eso este libro insistió tanto en estructura.
Porque cuando hay sistema:

- no dependes de motivación
- no negocias contigo mismo
- no te traicionas en silencio

El sistema te sostiene
cuando tú no tienes ganas.
Y eso es poder.

El dinero ama la coherencia

El dinero fluye hacia la coherencia.
Hacia decisiones alineadas.

Hacia criterios firmes.
Hacia identidades claras.
No ama la urgencia.
No ama la desesperación.
No ama la incoherencia emocional.
Cuando tu mente se ordena,
el dinero responde.
Siempre.

La riqueza no te hará mejor, pero te revelará

El dinero no te transforma.
Te revela.
Revela tus miedos.
Revela tus límites.
Revela tu relación con el control.
Por eso trabajar la mente antes del dinero
no es opcional.
Es esencial.
Quien no se conoce,
se sabotea.
Quien se conoce,
se expande.

No se trata de llegar, sino de sostener

Muchos llegan.
Pocos sostienen.
Llegar puede ser cuestión de suerte.
Sostener es cuestión de estructura.
La mente del dinero no celebra demasiado pronto.
No se relaja en exceso.
No abandona criterios.

Sabe que la verdadera victoria
es **no volver atrás.**

El silencio del progreso real

El progreso real es silencioso.
No siempre se ve.
No siempre se anuncia.
No siempre se celebra.
Pero se siente.
Se siente en menos ansiedad.
En mejores decisiones.
En más control.
En más paz interna.
Ese progreso es el que dura.

Vivir sin prisa financiera

La prisa financiera destruye.
Empuja a decisiones pobres.
Rompe sistemas.
Alimenta la ansiedad.
La mente del dinero avanza
sin prisa,
pero sin pausa.
Ese ritmo vence a cualquiera.

El momento en que ya no dudas

Hay un día —quizá pronto—
en el que te sorprenderás
dudando menos.
No porque todo sea perfecto,

sino porque **confías en tu estructura.**
Ese día entenderás
que este libro no fue un evento,
sino un punto de inflexión.

El cierre **verdadero**

No necesitas cambiar el mundo.
Necesitas **ordenarte.**
No necesitas saberlo todo.
Necesitas **criterios claros.**
No necesitas correr.
Necesitas **dirección.**
La mente del dinero
no es arrogante.
Es precisa.

La última línea **que importa**

El dinero va y viene.
Las circunstancias cambian.
El mundo es incierto.
Pero una mente clara
con un sistema sólido
siempre encuentra el camino.
Siempre.

Cambia la mente.

El dinero hará el resto.

— Edgar Hernández

CONOCE AL AUTOR: EL FUNDADOR DE INSPIRED LEGACY PRESS

Edgar Hernández es **autor, conferencista y arquitecto de la transformación humana**. Es fundador de **Inspired Legacy Press**, un sello editorial independiente desde el cual lidera un movimiento global dedicado a la **maestría** y la **evolución del potencial humano**.

Su trabajo integra **filosofía, ciencia** y **psicología conductual** con **inteligencia emocional, neurobiohacking, biología del rendimiento, ciencia de la longevidad, hábitos de alto nivel** y **desarrollo físico sistemático**, con el propósito de cultivar **claridad mental, fortaleza interior** y una **disciplina inquebrantable**.

Es el creador del **Inspired Legacy Framework**, un sistema de transformación humana construido sobre **cuatro dimensiones fundamentales: Identidad, Cuerpo, Riqueza y Espíritu**. Este marco ha sido diseñado para quienes eligen **forjar su carácter, dominar su energía vital, expandir su conciencia** y construir una vida sustentada en **resultados reales**, más allá de la motivación pasajera.

A través de sus libros y enseñanzas sostiene una convicción central:

Quienes dominan su mente, sus emociones y sus hábitos... dominan su destino.

El Sistema Editorial Inspired

Este libro forma parte del **Sistema Editorial Inspired**, una arquitectura editorial concebida para la **transformación integral del ser humano.**

Es un sistema construido sobre **principios, estructura y una visión de largo plazo**, donde cada obra cumple una función específica dentro de un propósito mayor: desarrollar una **identidad consciente**, cultivar **claridad mental**, fortalecer la **autodisciplina**, consolidar la **fortaleza interior** y generar resultados sostenibles en las **cuatro dimensiones del desarrollo humano: Identidad, Cuerpo, Riqueza y Espíritu.**

El propósito del **Sistema Editorial Inspired** es **refinar el juicio, elevar el pensamiento y forjar el carácter.**

Cada libro es un pilar. Cada concepto es una herramienta. Cada página está diseñada para transformar la manera de pensar, decidir y vivir.

Este sistema está dirigido a quienes comprenden que el **crecimiento personal** no es una tendencia pasajera, sino una **práctica deliberada, disciplinada y estructurada**; que la **libertad** se construye mediante **conocimiento, decisión y coherencia**; y que todo **legado verdadero** comienza en la **arquitectura de la mente.**

Una filosofía de vida

Esto no es autoayuda. Es arquitectura humana.
Domina tu identidad.
Fortalece tu cuerpo.
Multiplica tu riqueza.
Expande tu espíritu.
Construye poder.
Construye libertad.

Construye legado.
Bienvenido al Universo Inspired.

instagram.com/edgarhernandezofficial
facebook.com/EdgarHernandezOfficial
youtube.com/@EdgarHernandezOfficial

Made in the USA
Monee, IL
05 November 2026

68018104R00069